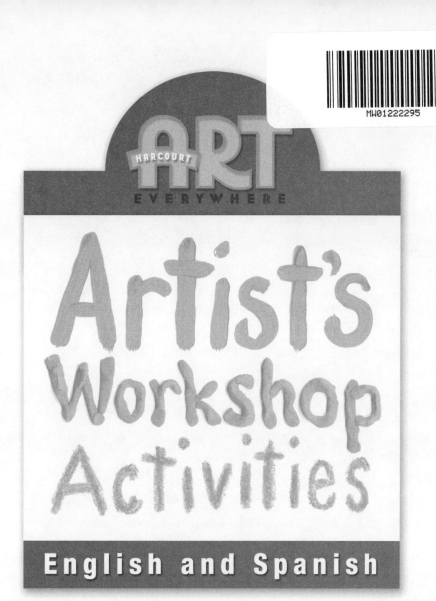

ART EVERYWHERE
HARCOURT

Artist's Workshop Activities

English and Spanish

Grade 4

Harcourt
SCHOOL PUBLISHERS

Orlando   Austin   New York   San Diego   Toronto   London

Visit *The Learning Site!*
www.harcourtschool.com

Contents

Artist's Workshop

Draw a Landscape

PLAN

Find a picture of an outdoor place. Make some sketches for a landscape. Brainstorm the kinds of lines you will use. Plan the details in your painting.

CREATE

1. Select the sketch you like best. Copy it onto white paper.

2. Use colored pencils or markers to complete your landscape.

3. Include a variety of lines in your drawing.

REFLECT

What kinds of lines did you use in your landscape? Did you use more implied lines or more actual lines?

MATERIALS

- magazines
- sketchbook
- pencil
- white paper
- colored pencils or markers

Quick Tip

As you brainstorm kinds of lines, draw them on a scrap of paper. Choose from these lines to draw your landscape.

Taller del artista

Dibujar un paisaje

PLANEAR

Encuentra un dibujo de un lugar al aire libre. Haz algunos dibujos de un paisaje. Piensa en el tipo de líneas que vas a usar. Planea los detalles de tu pintura.

CREAR

1. Selecciona el dibujo que más te guste. Trázalo en papel blanco.

2. Usa lápices de colores o marcadores para completar tu paisaje.

3. Incluye una variedad de líneas en tu dibujo.

REFLEXIONAR

¿Qué tipo de líneas usaste en tu paisaje? ¿Usaste más líneas implícitas o más líneas reales?

MATERIALES

- revistas
- cuaderno de dibujo
- lápiz
- papel blanco
- lápices de colores o marcadores

Sugerencia

Mientras piensas en los tipos de líneas, dibújalas en un papel. Escoge entre estas líneas para dibujar tu paisaje.

Lesson 2 — Artist's Workshop

Paint a Close-Up View

PLAN

Choose an object with an interesting close-up view. Make some sketches of the object from different angles. Look closely at the shapes that make up the object. Decide whether they are organic shapes or geometric shapes.

MATERIALS

- natural objects, such as plants or fruit
- sketchbook
- pencil
- white paper
- tempera paint
- paintbrushes
- water bowl

CREATE

1. Choose the sketch that shows the close-up view best.

2. Draw the object as large as possible on white paper. Try to fill the page.

3. Lightly outline each shape in pencil.

4. Choose your colors and paint the shapes.

REFLECT

Point out the different kinds of shapes you used.

Quick Tip

Make the shapes in your close-up view stand out by outlining them in black marker.

© Harcourt

Taller del artista

Pintar una vista de cerca

PLANEAR

Escoge un objeto con una vista de cerca interesante. Haz unos dibujos del objeto desde diferentes ángulos. Observa de cerca las figuras que componen el objeto. Decide si son figuras orgánicas o geométricas.

CREAR

1. Selecciona la figura que mejor muestre la vista de cerca.

2. Dibuja el objeto tan grande como sea posible en papel blanco. Trata de llenar la página.

3. Delinea ligeramente la figura con lápiz.

4. Escoge tus colores y pinta las figuras.

REFLEXIONAR

Señala los diferentes tipos de figuras que usaste.

MATERIALES

- objetos naturales, como plantas o frutas
- cuaderno de dibujo
- lápiz, papel blanco
- pinturas al temple
- pinceles
- jarra de agua

Sugerencia

Resalta las figuras que usaste en tu vista de cerca delineándolas con marcador negro.

Artist's Workshop

Paint with Complementary Colors

MATERIALS

- sketchbook
- pencil
- white paper
- tempera paint
- paintbrushes
- water bowl

PLAN

Think of an outdoor scene you would like to paint using complementary colors. Make a sketch of the scene. Then choose pairs of complementary colors to use in your painting.

CREATE

1. Using your sketch as a guide, draw the scene on white paper.

2. Paint your scene. Use complementary colors next to each other to show contrast.

REFLECT

Point out how you used complementary colors. Explain how you decided where to use contrast in your scene.

Quick Tip

To keep your colors bright, remember to rinse your brush very well before using a new color.

Taller del artista

Pintar con colores complementarios

PLANEAR

Piensa en una escena al aire libre que te gustaría pintar empleando colores complementarios. Haz un dibujo de la escena. Luego, escoge pares de colores complementarios para usar en tu pintura.

MATERIALES

- cuaderno de dibujo
- lápiz
- papel blanco
- pinturas al temple
- pinceles
- jarra de agua

CREAR

1. Usando tu dibujo como guía, dibuja la escena en papel blanco.

2. Pinta tu escena. Usa colores complementarios uno al lado del otro para mostrar contraste.

REFLEXIONAR

Señala cómo usaste los colores complementarios. Explica cómo decidiste usar el contraste en tu escena.

Sugerencia

Para mantener tus colores brillantes, recuerda enjuagar muy bien tu pincel antes de usar un color nuevo.

© Harcourt

Artist's Workshop

Paint a Seascape or a Desert Landscape

MATERIALS
- magazines
- sketchbook
- pencil
- white paper
- tempera paint
- paintbrushes
- water bowl

PLAN

Look through magazines for pictures of seascapes and desert landscapes. Choose either one to draw. Then write a list of words to describe that kind of place. Sketch a couple of ideas based on your list of words.

CREATE

1. **Select the sketch you like best, and copy it onto white paper.**

2. **Decide what mood you want to create. Choose warm colors or cool colors.**

3. **Paint your seascape or desert landscape.**

REFLECT

How did you use color to create a feeling or mood? How did your list of words help you plan your painting?

After your painting is dry, you may want to add details with pastels.

Taller del artista

Pintar una vista marina o un paisaje desértico

MATERIALES

- revistas
- cuaderno de dibujo
- lápiz
- papel blanco
- pintura al temple
- pinceles
- jarra de agua

PLANEAR

Busca fotos de vistas marinas o paisajes desérticos en revistas. Escoge uno para dibujar. Luego, escribe una lista corta de palabras para describir ese tipo de lugar. Dibuja unas cuantas ideas basadas en tu lista de palabras.

CREAR

1. Selecciona el dibujo que más te guste y cópialo en papel blanco.

2. Decide qué sentimiento quieres crear. Escoge colores cálidos o colores fríos.

3. Pinta tu vista marina o paisaje desértico.

REFLEXIONAR

¿Cómo usaste el color para crear un sentimiento o un estado de ánimo? ¿Cómo te ayudó tu lista de palabras a planear tu pintura?

Sugerencia

Después de que tu pintura se seque, quizá quieras añadir algunos detalles con algunas pinturas al pastel.

Artist's Workshop

Create a Still-Life Collage

PLAN ....

Tear from magazine pages objects and colors you would like to use in your collage. Make some sketches of your ideas.

CREATE ....

1. Choose one idea and draw an outline of your still life on poster board.

2. Tear pieces of colored paper into shapes you would like to use. Overlap the pieces in different ways.

3. Glue your arrangement onto the poster board. Decorate the border with markers.

REFLECT ....

Where did you use overlapping in your collage? What objects seem closer to the viewer?

MATERIALS

- magazines
- sketchbook
- pencil
- colored papers
- glue stick
- poster board
- markers

Quick Tip

Be sure to erase the pencil lines of your outline or cover them with pieces of paper.

Taller del artista

Crear un collage de bodegón

PLANEAR

Saca de las páginas de revistas objetos y colores que te gustaría usar en tu collage. Dibuja algunas de tus ideas.

CREAR

1. Escoge una idea y dibuja un contorno de tu bodegón en un papel grueso o en un cartón.

2. Rasga pedazos de papel de color en forma de figuras que te gustaría usar. Traslapa los pedazos de diferentes maneras.

3. Pega tus arreglos en el papel grueso. Decora el borde con marcadores.

REFLEXIONAR

¿Dónde usaste el traslapo en tu collage? ¿Qué objetos parecen estar más cerca del espectador?

MATERIALES

- revistas
- cuaderno de dibujo
- lápiz
- papeles de colores
- barra de pegamento
- papel grueso
- marcadores

Sugerencia

Asegúrate de borrar las líneas de lápiz de tu contorno o cubrirlas con pedazos de papel.

© Harcourt

Artist's Workshop

Create a Monochromatic Painting

MATERIALS

- pencil
- sketchbook
- white paper
- tempera paint
- paintbrushes
- water bowl
- paper plates

PLAN

Think of an object you would like to paint. Make some sketches of your object. Choose one color to use.

CREATE

1. Copy your best sketch onto white paper.

2. On a paper plate, mix tints and shades of the color you chose. Decide where you want to use these values in your painting.

3. Paint your object. Use as many tints and shades as you can.

REFLECT

Point out the tints and shades you used in your painting.

Quick Tip

You can include pure white and pure black in a monochromatic painting.

© Harcourt

Taller del artista

Crear una pintura monocromática

PLANEAR

Piensa en un objeto que te gustaría pintar. Haz algunos dibujos del objeto. Escoge un color.

CREAR

1. Copia tu mejor dibujo en papel blanco.

2. En un plato de papel, mezcla tintes y matices del color que escogiste. Decide dónde quieres usar estos valores en tu pintura.

3. Pinta tu objeto. Usa tantos tintes y matices como puedas.

REFLEXIONAR

Señala los tintes y matices que usaste en tu pintura.

MATERIALES

- lápiz
- cuaderno de dibujo
- papel blanco
- pintura al temple
- pinceles
- jarra de agua
- platos de papel

Sugerencia

Puedes incluir blanco puro y negro puro en una pintura monocromática.

© Harcourt

Artist's Workshop

Create Texture in a Collage

PLAN

Find objects with different textures, such as a feather, a sponge, a group of toothpicks, or the sole of a shoe.

CREATE

1. Use different colors of crayons to do a rubbing of each object on tissue paper.

2. Cut out your rubbings and decide how you want to arrange them in a collage.

3. Glue the rubbings onto a piece of poster board.

REFLECT

What kinds of visual textures are in your collage?

MATERIALS

- objects with different textures
- tissue paper
- crayons
- scissors
- glue
- poster board
- yarn or string

Quick Tip

You may want to add tactile texture to your collage by gluing yarn or string onto it in an interesting design.

Taller del artista

Crear textura en un collage

PLANEAR ....

Busca objetos con diferentes texturas, como una pluma, una esponja, un grupo de palillos o la suela de un zapato.

CREAR ....

1. Usa diferentes colores de creyones para hacer un frotamiento de cada objeto en el papel de seda.

2. Recorta tus frotamientos y decide cómo quieres organizarlos en un collage.

3. Pega los frotamientos en un pedazo del papel grueso.

REFLEXIONAR ....

¿Qué tipo de texturas visuales hay en tu collage?

MATERIALES

- objetos con diferentes texturas
- papel de seda
- creyones
- tijeras
- pegamento
- papel grueso
- hilo o cordón

Sugerencia

Puede que quieras añadir textura a tu collage pegando hilo o cordón encima de él, formando un diseño interesante.

Artist's Workshop

Paint an Outdoor Scene

PLAN ....

Find a picture in a magazine of an outdoor place you like. Notice the time of day in the picture. Make some quick sketches of the place, but don't be concerned with drawing the details.

CREATE ....

1. Using your sketches as a guide, paint your outdoor scene.

2. Use color in your painting to show the time of day. Use light values to show sunlight and dark colors to show shadows.

REFLECT ....

How did you use value and color in your painting?

MATERIALS

- magazines
- pencil
- sketchbook
- white paper
- tempera paint or watercolors
- paintbrushes
- water bowl

Quick Tip

Try to use quick brushstrokes as the Impressionists did.

Taller del artista

Pintar una escena al aire libre

PLANEAR

Busca una foto en una revista de un lugar al aire libre que te guste. Observa la hora del día en la foto. Haz algunos dibujos rápidos del lugar, pero no te preocupes por dibujar los detalles.

CREAR

1. Usando tus dibujos como guía, pinta tu escena al aire libre.

2. Usa el color en tu dibujo para mostrar la hora del día. Usa valores claros para mostrar la luz solar y colores oscuros para mostrar las sombras.

REFLEXIONAR

¿Cómo usaste el valor y el color en tu pintura?

MATERIALES

- revistas
- lápiz
- cuaderno de dibujo
- papel blanco
- pintura al temple o acuarelas
- pinceles
- jarra de agua

Sugerencia

Trata de usar pinceladas rápidas como lo hacían los impresionistas.

Artist's Workshop

Draw a Charcoal Still Life

PLAN

Choose a group of objects to draw. Arrange the objects in an interesting way. Make some sketches of your still life. Decide how you want to use value in your charcoal drawing.

MATERIALS

- classroom objects
- pencil
- sketchbook
- white paper
- charcoal pencil
- tissue
- eraser

CREATE

1. Use a charcoal pencil to copy your best sketch onto white paper.

2. Use a range of dark and light values to show textures and shadows in your still life.

3. Create gradual value changes by using a tissue to smudge, or blend, areas of your artwork.

REFLECT

How did you use value in your drawing? Where did you use blending?

Quick Tip

You can use an eraser to remove some of the charcoal to create contrast between areas.

© Harcourt

Taller del artista

Dibujar una escena de bodegón al carboncillo

MATERIALES

- objetos de la clase
- lápiz
- cuaderno de dibujo
- papel blanco
- lápiz blando o de carboncillo
- toallita de papel
- borrador

PLANEAR

Escoge un grupo de objetos para dibujar. Organiza los objetos de una manera interesante. Haz algunos dibujos de tu bodegón. Decide cómo quieres usar el valor en tu dibujo al carboncillo.

CREAR

1. Usa un lápiz blando o de carboncillo para copiar tu mejor dibujo en papel blanco.

2. Usa un rango de valores oscuros y claros para mostrar texturas y sombras en tu bodegón.

3. Crea cambios graduales de valores usando una toallita de papel para tiznar o difuminar áreas de tu obra de arte.

REFLEXIONAR

¿Cómo usaste el valor en tu dibujo? ¿Dónde difuminaste?

Sugerencia

Puedes usar un borrador para eliminar parte del carboncillo para crear contraste entre las áreas.

Artist's Workshop

Create a Pastel Drawing

PLAN ···

Choose a magazine photograph of a subject you like. Make sketches of your subject.

CREATE ···

1. Choose your best sketch, and draw it on white paper.

2. Decide how you want to use emphasis in your drawing. You could contrast values, shapes, colors, or textures.

3. Use oil pastels to complete your drawing.

REFLECT ···

What do you want viewers to notice first in your drawing? How did you create emphasis?

MATERIALS

- magazines
- pencil
- sketchbook
- white paper
- oil pastels

Quick Tip

You may add something surprising to your drawing, such as the splash in image C on page 79, to create emphasis.

Taller del artista

Crear un dibujo al pastel

PLANEAR

Selecciona una foto de una revista de un tema que te guste. Haz dibujos de tu tema.

CREAR

1. Escoge tu mejor dibujo y hazlo en papel blanco.

2. Decide cómo quieres usar el énfasis en tu dibujo. Podrías contrastar valores, figuras, colores o texturas.

3. Usa colores al pastel de óleo para completar tu dibujo.

REFLEXIONAR

¿Qué quieres que los espectadores noten primero en tu dibujo? ¿Cómo creaste el énfasis?

MATERIALES
• revistas
• lápiz
• cuaderno de dibujo
• papel blanco
• colores al pastel de óleo

Sugerencia

Puedes agregarle algo sorprendente a tu dibujo, como la salpicadura en la imagen C de la página 79, para crear énfasis.

© Harcourt

Artist's Workshop

Draw a Portrait

PLAN

Choose a classmate you would like to draw. Observe your classmate's facial features closely. Lightly sketch what you see. Look at the diagram of human facial proportions on page 89 to help you.

MATERIALS

- pencil
- sketchbook
- white paper
- colored pencils or markers

CREATE

1. Use your sketch as a guide to draw the portrait. Think about the size and placement of each facial feature.

2. Use colored pencils or markers to add color and details to your drawing.

3. Show something in your portrait about your classmate's personality.

REFLECT

How did you use facial proportions? Point out the details in your portrait that show something about your classmate.

To check the proportions of facial features on your portrait, lightly draw the lines you see in the diagram on page 89. Erase these lines before you add color to your portrait.

Taller del artista

Dibujar un retrato

PLANEAR

Elige a un compañero de clase que quisieras dibujar. Observa de cerca las facciones de tu compañero de clase. Ligeramente dibuja lo que ves. Mira el diagrama de las proporciones faciales humanas en la página 89 para ayudarte.

MATERIALES

- lápiz
- cuaderno de dibujo
- papel blanco
- lápices de colores o marcadores

CREAR

1. Usa tu dibujo como una guía para dibujar el retrato. Piensa en el tamaño y el lugar de cada facción.

2. Usa lápices de colores o marcadores para añadir color y detalles a tu dibujo.

3. Muestra algo de la personalidad de tu compañero de clase en tu retrato.

REFLEXIONAR

¿Cómo usaste las proporciones faciales? Señala los detalles en tu retrato que muestran algo de tu compañero de clase.

Sugerencia

Para revisar las proporciones de las facciones en tu retrato, dibuja ligeramente las líneas que ves en el diagrama de la página 89. Borra estas líneas antes de añadir color a tu retrato.

Artist's Workshop

Create an Abstract Portrait

MATERIALS

- newspapers or magazines
- pencil
- sketchbook
- white paper
- oil pastels

PLAN

Choose a photograph of a person from a newspaper or magazine. Make some sketches of your subject's face.

CREATE

1. Select the sketch you like best.

2. Use your sketch to experiment with distortion by using geometric shapes for facial features. You may want to change the sizes of some of your subject's features.

3. Use oil pastels to draw the abstract portrait. Use lines and colors to show what your subject's personality might be like.

REFLECT

How did you use distortion? What does your portrait show about your subject's personality or emotions?

Quick Tip

Remember that cool colors in a portrait might show a quiet personality. Warm colors might show a lively personality.

© Harcourt

Taller del artista

Crear un retrato abstracto

MATERIALES

- periódicos o revistas
- lápiz
- cuaderno de dibujo
- papel blanco
- colores al pastel de óleo

PLANEAR

Selecciona una foto de una persona de un periódico o de una revista. Haz algunos dibujos de la cara de tu sujeto.

CREAR

1. Selecciona el dibujo que más te guste.

2. Usa tu dibujo para experimentar con la distorsión usando figuras geométricas para las facciones. Puede que quieras cambiar los tamaños de las facciones de tu sujeto.

3. Usa colores al pastel de óleo para dibujar el retrato abstracto. Usa líneas y colores para mostrar cómo puede ser la personalidad de tu sujeto.

REFLEXIONAR

¿Cómo usaste la distorsión? ¿Qué muestra tu retrato de la personalidad y las emociones de tu sujeto?

Sugerencia

Recuerda que los colores fríos en un retrato pueden mostrar una personalidad tranquila. Los colores cálidos pueden mostrar una personalidad viva.

© Harcourt

Lesson 13

Artist's Workshop

Create a Panel Drawing

MATERIALS

- pencil
- sketchbook
- white paper
- crayons

PLAN

Brainstorm a list of steps for performing an action, such as hitting a baseball. Then have a partner model the steps. Use simple lines and shapes to make gesture drawings of your partner.

CREATE

1. Fold a sheet of paper into three sections, or panels. Draw a vertical line along each fold to separate the sections.

2. Use your gesture drawings as a guide to draw your subject at the beginning, middle, and end of the action. Make a drawing in each panel.

3. Use crayons to add color and details to your panel drawing.

REFLECT

What kind of action did you show in your panel drawing? If you cut your panel drawing apart, could your partner put the panels back in order?

 For help with drawing figures in motion, look back at page 98.

Taller del artista

Crear un dibujo de panel

MATERIALES

- lápiz
- cuaderno de dibujo
- papel blanco
- creyones

PLANEAR

Piensa en una lista de pasos para realizar una acción, como pegarle a una pelota de béisbol. Luego, pide a un compañero que represente los pasos. Usa líneas y figuras simples para hacer dibujos a mano libre de tu compañero.

CREAR

1. Dobla una hoja de papel en tres secciones, o paneles. Dibuja una línea vertical a lo largo de cada doblez para separar las secciones.

2. Usa tus dibujos a mano libre como guías para dibujar tu sujeto al principio, a la mitad y al final de la acción. Haz un dibujo en cada panel.

3. Usa creyones para añadir color y detalles a tu dibujo de panel.

REFLEXIONAR

¿Qué tipo de acción mostraste en tu dibujo de panel? Si cortaras tu dibujo de panel en partes, ¿podría tu compañero colocarlos de nuevo en orden?

Sugerencia

Regresa a la página 98 si necesitas ayuda al dibujar las figuras en movimiento.

Artist's Workshop

Carve a Relief Sculpture

© Harcourt

PLAN

Choose a friend or classmate whose portrait you would like to create. Sketch a portrait of your friend's face.

CREATE

1. Flatten a slab of clay. Then trim the edges with a plastic knife to form a background for your relief sculpture.

2. Use a pencil point to carve the outline of your portrait. Use a craft stick or other carving tool to carve away clay to create negative space.

3. Use a pencil point or one end of an opened paper clip to carve details into the clay.

REFLECT

Point out the positive space and negative space in your relief sculpture.

MATERIALS

- pencil
- sketchbook
- clay
- plastic knife
- sharpened pencil or paper clip
- craft stick

Safety Tips

Use tools one at a time. Remember to point sharp objects away from your body.

Taller del artista

Tallar una escultura en relieve

PLANEAR

Elige a un amigo o compañero de clase del cual te gustaría crear un retrato. Dibuja un retrato de la cara de tu amigo.

CREAR

1. Aplasta un pedazo de arcilla. Luego corta los bordes con un cuchillo plástico para hacer un fondo para tu escultura en relieve.

2. Usa la punta de un lápiz para tallar el contorno de tu retrato. Usa un palito u otra herramienta de tallar arcilla para crear un espacio negativo.

3. Usa la punta de un lápiz o la punta de un sujetapapeles abierto para tallar detalles en la arcilla.

REFLEXIONAR

Señala el espacio positivo y el espacio negativo de tu escultura en relieve.

Sugerencia de seguridad

Usa las herramientas una a la vez. Recuerda alejar los objetos puntiagudos de tu cuerpo.

Artist's Workshop

Carve a Soap Sculpture

PLAN

Find a magazine or newspaper photograph of an animal you would like to sculpt.

CREATE

1. Place a bar of soap on a sheet of newsprint. Use a toothpick or the end of a paper clip to carve the outline of your animal on both sides of the soap.

2. Use a plastic knife to shave away the soap around the outline.

3. When you are finished, use a scrubber sponge to smooth the surface of the sculpture.

REFLECT

What kind of animal did you sculpt? How did you use the subtractive method?

MATERIALS

- magazines or newspapers
- newsprint
- bar of soap
- toothpick or paper clip
- plastic knife
- scrubber sponge

Quick Tip

Try not to cut away big pieces of the soap all at once. Work slowly, carving a little at a time.

© Harcourt

Taller del artista

Tallar una escultura de jabón

PLANEAR

Busca en una revista o un periódico la foto de un animal que te gustaría tallar.

CREAR

1. Coloca una barra de jabón en una hoja de papel periódico. Usa un palillo de dientes o la punta de un sujetapapeles para tallar el contorno de tu animal en ambos lados del jabón.

2. Usa un cuchillo plástico para quitar el jabón alrededor del contorno.

3. Cuando hayas terminado, usa una esponja de fregar para suavizar la superficie de la escultura.

REFLEXIONAR

¿Qué tipo de animal tallaste? ¿Cómo usaste el método sustractivo?

MATERIALES

- revistas o periódicos
- papel periódico
- barra de jabón
- palillo de dientes o sujetapapel
- cuchillo plástico
- esponja de fregar

Sugerencia

Trata de no cortar a la vez los pedazos grandes de jabón. Trabaja despacio, tallando un poco cada vez.

© Harcourt

Artist's Workshop

Create a Reverse Weaving

MATERIALS

- **6 in. x 6 in. burlap pieces**
- **colored yarn**
- **ruler**
- **scissors**

PLAN

Look at the reverse weaving in image D. Think about the colors and patterns you would like to use in your own reverse weaving.

CREATE

1. Pull some of the strands out of a piece of burlap, creating open areas.

2. Measure and cut several pieces of yarn about an inch or so longer than the width of the burlap. Weave the yarn in and out of the strands of burlap.

3. After weaving several pieces of yarn, pinch the pieces together to create a tighter weave.

REFLECT

Describe the pattern you created in your weaving.

Quick Tip

Tape one end of the yarn to the tip of a craft stick. Use the craft stick like a needle to weave through the burlap.

Taller del artista

Crear un tejido opuesto

PLANEAR

Mira el tejido opuesto en la imagen D. Piensa en los colores y patrones que te gustaría usar en tu propio tejido opuesto.

CREAR

MATERIALES

- pedazos de estopa de 6 pulgadas por 6 pulgadas
- estambre de colores
- regla
- tijeras

1. Jala algunas de las hebras del hilo de estopa, creando áreas abiertas.

2. Mide y corta algunos pedazos de estambre de aproximadamente una pulgada o más del ancho de la estopa. Entreteje el estambre entre las hebras de estopa.

3. Después de tejer varios pedazos de estambre, aprieta los pedazos para crear un tejido más duro.

REFLEXIONAR

Describe el patrón que creaste en tu tejido.

Sugerencia

Pega con cinta adhesiva una punta del estambre a la punta de un palito. Usa el palito como una aguja para tejer a través de la estopa.

© Harcourt

Artist's Workshop

Create a Paper Mask

PLAN ....

Sketch some ideas for a mask you would like to make. Use lines, shapes, and colors to create symmetrical balance.

CREATE ....

1. Choose your best sketch, and draw the outline of your mask on poster board.

2. Cut out your mask. Cut holes for eyes and other facial features.

3. Add color and other details to your mask with markers or paint, colored paper, feathers, or beads.

REFLECT ....

How does your mask show symmetrical balance? What kinds of materials did you use, and why did you choose them?

MATERIALS

- pencil
- poster board
- scissors
- markers or paint
- paintbrushes
- glue
- colored paper
- decorative materials

Carefully poke a hole in the center of the area you want to remove. Cut the outline of the facial feature from that center point.

Taller del artista

Crear una máscara de papel

PLANEAR

Dibuja algunas ideas de una máscara que te gustaría hacer. Usa líneas, figuras y colores para crear un equilibrio simétrico.

CREAR

1. Escoge tu mejor dibujo, y dibuja el contorno de tu máscara en papel grueso.

2. Recorta tu máscara. Corta agujeros para los ojos y otras facciones.

3. Añades color y otros detalles a tu máscara con marcadores o pintura, papel de colores, plumas o cuentas.

REFLEXIONAR

¿Cómo muestra tu máscara un equilibrio simétrico?
¿Qué tipo de materiales usaste y por qué los elegiste?

MATERIALES

- lápiz
- cartulina
- tijeras
- marcadores o pinturas
- pinceles
- pegamento
- papel de colores
- materiales decorativos

Sugerencia de seguridad

Cuidadosamente haz un agujero en el centro del área que quieres quitar. Corta el contorno de las facciones desde ese punto central.

Artist's Workshop

Create a Paper Cutting

PLAN . . . .

Think of a design you would like to show in a paper cutting. Sketch some of your ideas.

CREATE . . . .

1. Fold a sheet of paper in half. Draw half of your design so that it meets the fold of the paper. Make your drawing large enough to fill up the folded paper.

2. Cut out your design. Then open the paper.

3. Add color with colored pencils or markers to the side of your design that does not have pencil marks.

REFLECT . . . .

How would you describe your paper cutting? What kind of balance does your design show?

MATERIALS

- pencil
- sketchbook
- white paper
- scissors
- colored pencils or markers

Do not cut all the way through the fold of your paper.

Taller del artista

Crear un recorte de papel

PLANEAR . . . .

Piensa en un diseño que te gustaría mostrar en un recorte de papel. Dibuja algunas de tus ideas.

CREAR . . . .

1. **Dobla una hoja de papel por la mitad. Dibuja la mitad de tu diseño para que coincida con el doblez del papel. Haz tu dibujo lo suficientemente grande para que llene el papel doblado.**

2. **Recorta tu diseño. Luego abre el papel.**

3. **Agrega color con lápices de colores o marcadores al lado de tu diseño que no tiene marcas de lápiz.**

REFLEXIONAR . . . .

¿Cómo describirías tu recorte? ¿Qué tipo de equilibrio muestra tu diseño?

MATERIALES
• lápiz
• cuaderno de dibujo
• papel blanco
• tijeras
• lápices de colores o marcadores

Sugerencia

No recortes a través de todo el doblez de tu papel.

© Harcourt

Artist's Workshop

Create a Folk Art Painting

PLAN ....

Think of a tradition your family or community has that you would like to paint. Sketch some ideas. Think of ways to create asymmetrical balance in your painting.

CREATE ....

1. Choose your best sketch, and copy it onto white paper.

2. Before you begin to paint, make sure both sides of your drawing have the same visual weight.

3. Use tempera paint to finish your artwork.

REFLECT ....

What subject did you choose for your painting? How did you create asymmetrical balance?

MATERIALS

- pencil
- sketchbook
- white paper
- tempera paint
- paintbrushes
- water bowl

Quick Tip

Remember that visual weight can be created with lines, shapes, or colors that make the artwork seem balanced.

Taller del artista

Crear una pintura de arte popular

PLANEAR

Piensa en una tradición que tenga tu familia o comunidad que te gustaría pintar. Dibuja algunas ideas. Piensa en las maneras de crear un equilibrio simétrico en tu pintura.

CREAR

1. Elige tu mejor dibujo y hazlo en papel blanco.

2. Antes de que empieces a pintar, asegúrate de que ambos lados de tu dibujo tengan el mismo peso visual.

3. Usa pintura al temple para terminar tu obra de arte.

REFLEXIONAR

¿Qué sujeto escogiste para tu pintura? ¿Cómo creaste equilibrio asimétrico?

Sugerencia

Recuerda que el peso visual puede ser creado con líneas, figuras o colores que hacen que la obra de arte parezca desequilibrada.

Artist's Workshop

Create a Print

MATERIALS

- pencil
- sketchbook
- foam tray
- tempera paint
- foam brush
- water bowl
- white or colored paper

PLAN

Think of a design for a rubber stamp that shows symbols. Make some sketches.

CREATE

1. Choose your best sketch, and draw it lightly onto a foam tray. Carve your drawing into the foam by pressing with a dull pencil point.

2. Spread a thin layer of tempera paint evenly over the foam tray with a foam brush.

3. Lay a clean sheet of paper across the wet paint. Press gently and evenly on the paper with your fingers. Then carefully lift the paper off the tray.

REFLECT

What does the symbol in your print mean to you?

You can use the foam tray again by rinsing off the paint. Apply another color of paint to the tray to make a different print.

Taller del artista

Crear un grabado

PLANEAR

Piensa en el diseño de un sello de goma que muestre símbolos. Haz algunos dibujos.

CREAR

1. Escoge tu mejor dibujo y hazlo ligeramente en un plato de espuma. Talla tu dibujo en la espuma presionando con una punta de lápiz gruesa.

2. Esparce uniformemente una capa fina de pintura al temple sobre el plato de espuma con un pincel de espuma.

3. Coloca una hoja limpia de papel a lo largo de la pintura mojada. Presiona suave y uniformemente sobre el papel con tus dedos. Luego, alza cuidadosamente el papel del plato.

REFLEXIONAR

¿Qué significa para ti el símbolo en el grabado?

MATERIALES

- lápiz
- cuaderno de dibujo
- plato de espuma
- pinturas al temple
- pincel de espuma
- jarra de agua
- papel blanco o de colores

Sugerencia

Puedes usar el plato de espuma de nuevo borrando la pintura. Aplica un color de pintura diferente al plato para hacer un grabado diferente.

© Harcourt

Artist's Workshop

Create Depth in a Scene

PLAN . . . .

Think of an outdoor scene you would like to draw. Sketch some ideas. Think about how you can show depth in your scene by changing the sizes or details of the objects you draw.

MATERIALS

- pencil
- sketchbook
- white paper
- oil pastels

CREATE . . . .

1. Choose your best sketch, and copy it onto white paper.

2. Use oil pastels to add color to your drawing.

REFLECT . . . .

How did you show depth in your drawing? What did you draw in the foreground, middle ground, and background?

Quick Tip

You may want to look through books and magazines for ideas for your drawing.

© Harcourt

Taller del artista

Crear profundidad en una escena

PLANEAR

Piensa en una escena al aire libre que te gustaría pintar. Dibuja algunas ideas. Piensa acerca de cómo puedes mostrar profundidad en tu escena cambiando los tamaños o los detalles de los objetos que dibujas.

CREAR

1. Escoge tu mejor dibujo y hazlo en papel blanco.

2. Usa colores al pastel de óleo para añadir color a tu dibujo.

REFLEXIONAR

¿Cómo mostraste profundidad en tu dibujo? ¿Qué dibujaste en el primer plano, en el plano intermedio y en el fondo?

MATERIALES

- lápiz
- cuaderno de dibujo
- papel blanco
- colores al pastel de óleo

Sugerencia

Puede que quieras mirar libros y revistas para buscar ideas para tu dibujo.

© Harcourt

Artist's Workshop

Draw a Scene with Linear Perspective

MATERIALS

- pencil
- sketchbook
- white paper
- ruler
- colored pencils

PLAN

Brainstorm some ways to show linear perspective in a scene. You might show the lines in a road, a path, or train tracks coming together at a vanishing point.

CREATE

1. Sketch your scene on white paper. Use a ruler to draw the lines to the vanishing point.

2. Experiment with the sizes of objects to create the feeling of depth in your drawing.

3. Finish your drawing with colored pencils.

REFLECT

How did you use linear perspective in your drawing? What other ways did you use to show depth?

Think of drawing a large upside-down V for vanishing point.

Taller del artista

Dibujar una escena con perspectiva lineal

MATERIALES

- lápiz
- cuaderno de dibujo
- papel blanco
- regla
- lápices de colores

PLANEAR

Haz una lista de ideas de algunas maneras de mostrar perspectiva lineal en una escena. Puedes mostrar las líneas de una carretera, un camino o unas vías de tren encontrándose en un punto de fuga.

CREAR

1. Dibuja tu escena en papel blanco. Usa una regla para dibujar las líneas en el punto de fuga.

2. Experimenta con los tamaños de los objetos para crear la sensación de profundidad en tu dibujo.

3. Termina tu dibujo con lápices de colores.

REFLEXIONAR

¿Cómo usaste la perspectiva lineal en tu dibujo? ¿Qué otras maneras usaste para mostrar profundidad?

Sugerencia

Piensa en usar una V larga al revés para representar el punto de fuga.

Artist's Workshop

Design a Park

PLAN

Imagine a park where you would enjoy spending time. Think about the kinds of trees, plants, rocks, and other objects you would like in your park. Sketch your ideas.

MATERIALS

- pencil
- sketchbook
- colored pencils or markers
- magazines
- scissors
- glue

CREATE

1. **Use your sketches as a guide to draw your park design on white paper. Arrange the parts of your design in a way that shows movement.**

2. **Choose a color scheme for the plants and other objects in your park.**

3. **Find magazine pictures with colors and textures you like. Cut them out, and glue them onto your drawing.**

REFLECT

How does your drawing show unity? What would you name your park?

You may want to include such things as ponds, benches, statues, or fountains to make your park more interesting.

Taller del artista

Diseñar un parque

PLANEAR

Imagínate un parque en el cual disfrutarías pasar el tiempo. Piensa acerca del tipo de árboles, plantas, rocas y otros objetos que te gustaría tener en tu parque. Dibuja tus ideas.

CREAR

1. Usa tus dibujos como una guía para hacer el diseño del parque en papel blanco. Organiza las partes de tu diseño de manera que muestren movimiento.

2. Selecciona un esquema de colores para las plantas y otros objetos en tu parque.

3. Busca fotos de revistas con colores y texturas que te gusten. Recórtalas y pégalas en tu dibujo.

REFLEXIONAR

¿Cómo muestra unidad tu dibujo? ¿Cómo llamarías a tu parque?

MATERIALES

- lápiz
- cuaderno de dibujo
- lápices de colores o marcadores
- revistas
- tijeras
- pegamento

Sugerencia

Puede que quieras incluir cosas como lagos, bancos, estatuas o fuentes para que tu parque se vea más interesante.

© Harcourt

Artist's Workshop

Design a Building

MATERIALS

- books or magazines
- pencil
- sketchbook
- white paper
- colored pencils or markers

PLAN

Look at some photographs of buildings in books or magazines. Decide what kind of building you would like to design. Choose symmetrical balance or asymmetrical balance for your design. Make some sketches of your building.

CREATE

1. Choose your best sketch, and copy it onto white paper.

2. Use color and shape to balance the visual weight in your drawing. Use line and value to show visual texture.

3. Finish your design by drawing a setting for your building.

REFLECT

What kind of building did you design? What kind of setting did you place it in? What kind of balance did you show?

Quick Tip

Use a ruler and a round plastic lid to help you draw the geometric shapes in your design.

Taller del artista

Diseñar un edificio

PLANEAR

Mira algunas fotos de edificios en libros o revistas. Decide qué tipo de edificio te gustaría diseñar. Elige el equilibrio simétrico o el equilibrio asimétrico para tu diseño. Haz algunos dibujos de tu edificio.

MATERIALES

- libros o revistas
- lápiz
- cuaderno de dibujo
- papel blanco
- lápices de colores o marcadores

CREAR

1. Escoge tu mejor dibujo y hazlo en papel blanco.

2. Usa color y figuras para equilibrar el peso visual. Usa líneas y valor para mostrar textura visual.

3. Termina tu diseño dibujando una escena para tu edificio.

REFLEXIONAR

¿Qué tipo de edificio diseñaste? ¿En qué tipo de escena lo colocaste? ¿Qué tipo de equilibrio mostraste?

Sugerencia

Usa una regla y una tapa plástica redonda como ayuda para dibujar las figuras geométricas en tu diseño.

© Harcourt

Artist's Workshop

Create a Class Mural

PLAN

With your classmates, brainstorm ideas for a mural. Try to express ideas or feelings about your school or community. As a group, decide which part of the mural each of you will create.

CREATE

1. Sketch your section of the mural on a large sheet of butcher paper.

2. Work with your classmates to decide on the colors to paint your mural. Use large brushes to paint the background and large areas. Use small brushes to paint details and small areas.

REFLECT

What ideas or feelings did you and your classmates express in your mural?

MATERIALS

- pencil
- sketchbook
- butcher paper
- tempera paint
- large and small paintbrushes
- water bowl

Quick Tip

Work with your classmates as you paint to be sure that all the parts of the mural fit together well.

© Harcourt

Taller del artista

Crear un mural de la clase

PLANEAR

Con tus compañeros, haz una lista de ideas para un mural. Traten de expresar ideas o sentimientos acerca de su escuela o comunidad. En grupo, decidan qué parte del mural va a crear cada uno.

CREAR

1. Dibuja tu sección del mural en una hoja grande de papel grueso.

2. Trabaja con tus compañeros para decidir los colores para pintar tu mural. Usa pinceles grandes para pintar el fondo y áreas grandes. Usa pinceles pequeños para pintar los detalles y áreas pequeñas.

REFLEXIONAR

¿Qué ideas o sentimientos expresaron tú y tus compañeros en tu mural?

MATERIALES

- lápiz
- cuaderno de dibujo
- papel grueso
- pintura al temple
- pinceles grandes y pequeños
- jarra de agua

Sugerencia

Trabaja con tus compañeros a medida que pintas para asegurarte que todas las partes del mural corresponden bien.

© Harcourt

Artist's Workshop

Create an Action Painting

MATERIALS

- newsprint
- white paper
- tempera paint
- paintbrushes
- water bowl

PLAN

Think of the colors you would like to use in an action painting.

CREATE

1. Cover your work area with newsprint, and center your paper on it.

2. Using one color of paint at a time, hold your paintbrush over your paper, and drip or splatter paint onto it.

3. Drip one color over another. Try to drip paint to the edges of your paper.

4. Stand back from your painting now and then to see where you would like to add paint or change colors. Try to give your painting a sense of unity.

REFLECT

How would you create unity in your painting? What kind of feeling do you think it expresses?

Quick Tip

Drizzle the paint in layers, making it thick in some places to add texture.

Taller del artista

Crear una pintura en acción

MATERIALES

- papel periódico
- papel blanco
- pintura al temple
- pinceles
- jarra de agua

PLANEAR

Piensa en los colores que te gustaría usar en una pintura en acción.

CREAR

1. Cubre tu área de trabajo con papel periódico y centra tu papel sobre él.

2. Usando un color de pintura a la vez, sosten tu pincel sobre el papel y gotea o salpica pintura sobre él.

3. Gotea un color sobre otro. Trata de gotear pintura en los bordes de tu papel.

4. Aléjate de tu pintura de vez en cuando para ver dónde te gustaría añadir pintura o cambiar los colores. Trata de darle a tu pintura un sentido de unidad.

REFLEXIONAR

¿Cómo crearías unidad en tu pintura? ¿Qué tipo de sentimientos crees que expresa?

Sugerencia

Rocía la pintura en capas, haciéndola más gruesa en algunos lugares para agregar textura.

Artist's Workshop

Create a Surrealist Painting

PLAN

Think of a familiar setting. Then think of an object that does not belong in that setting. Make some sketches of the object in the setting.

MATERIALS
- pencil
- sketchbook
- white paper
- tempera paint
- paintbrushes
- water bowl

CREATE

1. Copy your best sketch onto white paper.

2. Experiment with changing the sizes and shapes of the objects in your scene. Think of ways to add variety.

3. Paint your scene. Use tints and shades to show areas of light and shadow in the object or setting.

REFLECT

How does your painting show a Surrealistic scene? How did you add variety?

Quick Tip

Look through magazines to get ideas for settings and objects to use to create your scene.

© Harcourt

Taller del artista

Crear una pintura surrealista

MATERIALES

- lápiz
- cuaderno de dibujo
- papel blanco
- pintura al temple
- pinceles
- jarra de agua

PLANEAR

Piensa en una escena familiar. Luego piensa en un objeto que no corresponda con esa escena o ambiente. Haz algunos dibujos del objeto en la escena.

CREAR

1. Copia tu mejor dibujo en papel blanco.

2. Experimenta cambiando los tamaños y las formas de los objetos en tu escena. Piensa en maneras de agregar variedad.

3. Pinta tu escena. Usa tintes y matices para mostrar áreas de luz y sombra en el objeto o en la escena.

REFLEXIONAR

¿Cómo muestra tu pintura una escena surrealista?
¿Cómo agregaste variedad?

Sugerencia

Mira revistas para obtener ideas de ambientes y objetos para crear tu escena.

© Harcourt

Artist's Workshop

Create a Construction with Found Objects

MATERIALS

- found objects, such as yarn, paper clips and rubber bands
- shoe box lid
- glue
- tempera paint
- paintbrushes
- water bowl

PLAN

Gather some found objects to put together in a construction. Think of ways to add variety to your artwork.

CREATE

1. **Use the shoe box lid as the base for your construction.**

2. **Experiment with different arrangements of your found objects on your base.**

3. **Glue the objects to the base in the arrangement you like best.**

4. **Paint some or all of the objects in your construction. You may also paint the base.**

REFLECT

How would you describe your construction? How did you add variety?

Quick Tip

You may want to add variety by painting part of your construction a different color from the rest of it.

Taller del artista

Crear una construcción con objetos hallados

PLANEAR

Reúne algunos objetos hallados para hacer una construcción. Piensa en maneras de agregar variedad a tu obra de arte.

CREAR

1. Usa la caja de zapatos como base para tu construcción.

2. Experimenta con diferentes arreglos de tus objetos hallados en tu base.

3. Pega los objetos sobre la base en el arreglo que más te guste.

4. Pinta algunos o todos los objetos de tu construcción. Puedes pintar también la base.

REFLEXIONAR

¿Cómo describirías tu construcción? ¿Cómo agregaste variedad?

MATERIALES

- objetos hallados como estambre, sujetapapeles y elásticas
- tapa de caja de zapatos
- pegamento
- pintura al temple
- pinceles
- jarra de agua

Sugerencia

Puede que quieras agregar variedad pintando parte de tu construcción de un color diferente al resto.

© Harcourt

Artist's Workshop

Create a Pop Art Collage

PLAN

Find magazine photographs that represent a topic that interests you, such as sports, music, or fashion. Think about how you will arrange the photographs in a collage.

MATERIALS

- magazines
- scissors
- glue
- construction paper

CREATE

1. Cut your photographs into various sizes and shapes.

2. Try several arrangements of your photographs. You might overlap them or place them side by side. Think of a way to add variety to your collage.

3. After you have chosen an arrangement, glue your photographs to a sheet of construction paper.

REFLECT

How does your collage show your interests? How did you add variety to your collage?

Quick Tip

You may want to include your own photographs or drawings in your collage.

Taller del artista

Crear un collage de arte popular

PLANEAR

Busca fotos en revistas que representen un tema que te interese, como los deportes, la música o la moda. Piensa en cómo vas a organizar las fotos en tu collage.

CREAR

1. Recorta tus fotografías en varios tamaños y formas.

2. Prueba varios arreglos de tus fotografías. Puede que las coloques unas sobre otras o unas al lado de otras. Piensa en una manera de añadir variedad a tu collage.

3. Después de que hayas escogido un arreglo, pega tus fotografías en una hoja de papel de construcción.

REFLEXIONAR

¿Cómo muestra el collage tus intereses? ¿Cómo añadiste variedad a tu collage?

Sugerencia

Puede que quieras incluir tus propias fotografías o dibujos en tu collage.

MATERIALES

- revistas
- tijeras
- pegamento
- papel de construcción

© Harcourt

Artist's Workshop

Create a Computer-Generated Artwork

MATERIALS
- pencil
- sketchbook
- computer

PLAN ....

Brainstorm some ideas for a design you can create on a computer. Sketch your ideas. Use simple lines and shapes.

CREATE ....

1. Choose one sketch to use as a guide.

2. Use the computer menu and drawing tools to make the simple lines and shapes from your sketch. Arrange the lines and shapes on the screen to match your sketch.

3. Add color to complete your design.

REFLECT ....

How is your computer-generated artwork similar to and different from your sketch?

Quick Tip
You can use the drawing tools to create geometric and organic shapes.

Taller del artista

Crear una obra de arte realizada por computadora

MATERIALES

- lápiz
- cuaderno de dibujo
- computadora

PLANEAR

Piensa en algunas ideas para un diseño que puedas crear en la computadora. Dibuja tus ideas. Usa líneas y figuras simples.

CREAR

1. Escoge un dibujo para usar como guía.

2. Usa el menú de la computadora para hacer las líneas y figuras simples de tu dibujo. Organiza las líneas y figuras en la pantalla para que correspondan con tu dibujo.

3. Agrega color para completar tu diseño.

REFLEXIONAR

¿Qué semejanzas y diferencias tienen la obra de arte realizada por computadora y tu dibujo?

Sugerencia

Puedes usar las herramientas de dibujo para crear figuras geométricas y figuras orgánicas.